Allererstes
Lesen

Liebe Eltern,

jedes Kind ist anders. Eines kennt bereits alle Buchstaben in der Vorschule und kann sie zu Wörtern formen. Ein anderes lernt das Abc beim Eintritt in die Schule. Für das spätere Leseverhalten ist das völlig unerheblich. Wichtig aber ist der Spaß am Lesen – und zwar von Anfang an. Darum muss sich die konzeptionelle Entwicklung von Lesetexten an den unterschiedlichen Lernentwicklungen der Kinder orientieren.
Unser Bücherbär-Erstleseprogramm umfasst deshalb verschiedene Reihen für die Vorschule und die ersten beiden Schulklassen. Sie bauen aufeinander auf und holen die Kinder dort ab, wo sie sind.

Die Bücherbär-Reihe *Allererstes Lesen* richtet sich an Leseanfänger in der Vorschule und am Anfang der 1. Klasse. Die übersichtlichen Leseeinheiten und kurzen Zeilen sind ideal zum Lesenlernen. Lustige Leserätsel unterstützen das Textverständnis und regen zum Nachdenken und zum Gespräch über die Geschichten an. Denn Kinder, die viel Gelegenheit zum Sprechen haben, lernen auch schneller lesen.

In Zusammenarbeit mit

Volkmar Röhrig
Tor für Ben!
Spannende Fußballgeschichten

Dieses Buch gehört:

_____

Volkmar Röhrig

wurde 1952 in Lützen bei Leipzig geboren. Er studierte
Germanistik und Kulturwissenschaft und arbeitete unter
anderem als Hörspieldramaturg, Regieassistent und Lektor.
Seit 1981 ist er freiberuflicher Autor.

Kai Pannen

wurde 1961 in Moers geboren. Nach dem Studium der
Malerei in Köln begann er Anfang der 90er-Jahre seine
Laufbahn als Illustrator und Trickfilmer. Er illustriert unter
anderem für Werbeagenturen, Zeitschriftenverlage und große
Industrieunternehmen. Seit 2006 wendet er sich zunehmend
der Buchillustration zu. Kai Pannen lebt mit seiner Familie
in Hamburg.

Volkmar Röhrig

Tor für Ben!
Spannende Fußballgeschichten

Mit Bilder- und Leserätseln

Mit farbigen Bildern von Kai Pannen

MIX
Papier aus verantwor-
tungsvollen Quellen
FSC® C110508

3. Auflage 2016
© Arena Verlag GmbH, Würzburg 2014
Alle Rechte vorbehalten
Einband und Illustrationen: Kai Pannen
Gesamtherstellung: Westermann Druck Zwickau GmbH
ISBN 978-3-401-70424-1

www.arena-verlag.de

Inhalt

Treffer!

Das Spiel ist zu Ende.
Aber Ben ärgert sich.
Kein einziges Mal
hat er das Tor getroffen.
Jetzt übt er allein.
Er schießt und schießt,
doch alle Bälle sausen
am Tor vorbei.

Ein Ball fliegt in einen Baum.
Da ertönt ein Schrei.
„Quark-dummi-di-krächz!"
Dann kracht etwas
auf die Erde.

Was ist aus dem Baum gefallen?

Ein seltsames Wesen schreit:
„Aua! Spinnst du?"
Ben stottert vor Schreck:
„Wer bi-bi-bist du?"
Das Wesen faucht wütend:
„Ich bin Max Nummer 7,
ein Außerirdischer.
Ich komme vom Stern Maxus."

Ben wundert sich.
„Du siehst fast aus
wie unser Vereins-Maskottchen."

Aber das Wesen schimpft:
„Ich sehe aus wie Schrott,
alles ist verbogen!"

Woher kommt Max Nummer 7?

Ben sagt entschuldigend:
„Ich wollte das Tor treffen."

Max 7 schüttelt den Kopf.
„Das ist doch piepeinfach!"
Er zeigt
auf die Flutlicht-Anlage.
Plötzlich leuchten
alle Scheinwerfer.

Max 7 nimmt einen Ball
und schießt.
Der Ball jagt ins Tor
wie eine Rakete.
Das ganze Netz
fliegt weg.

„Treffer!", sagt Max 7.

„Super!", sagt Ben begeistert.

„Wie machst du das?"

Max 7 lacht.

„Mit Energie und Köpfchen!"

Ben gibt ihm die Hand.

„Ich heiße Ben.

Kann ich das lernen?"

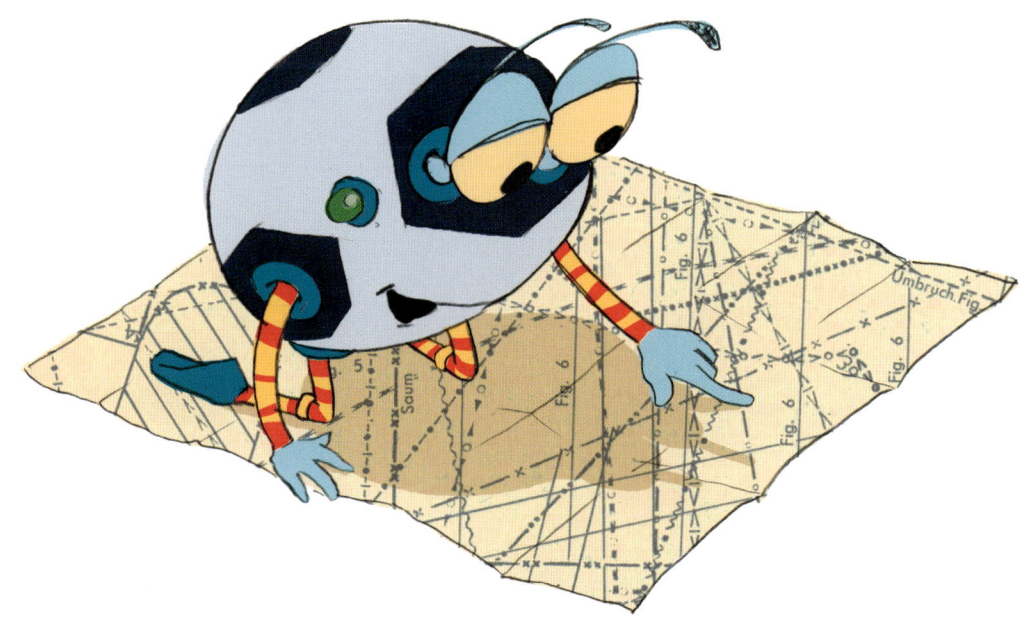

„Klar", sagt Max 7.
„Aber jetzt muss ich erst mal
die Erde erkunden.
Ich will zu den Eisbären."
Ben nickt traurig.

„Morgen komme ich wieder",
verspricht Max 7.
„Einverstanden?"

Ein Profi-Träumer

Da kommt der Fußball-Lehrer,
Herr Löwe.
Er sieht das kaputte Tor.
„Wer war das?", fragt er.

Ben erzählt aufgeregt:
„Max 7 aus dem Weltall.
Der schießt Tore
wie ein Profi!"

Herr Löwe schüttelt den Kopf.
„Und du bist
ein Profi-Träumer!"

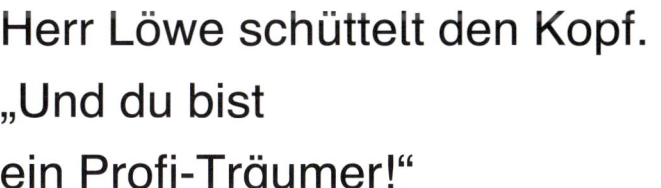

Aber Ben strahlt.
„Morgen lerne ich auch,
so zu schießen,
wetten?"

Herr Löwe seufzt.
„Träum weiter!"

In der Nacht
träumt Ben tatsächlich
vom Fußballplatz.
Über dem Spielfeld schwebt
ein riesiges Raumschiff.
Seine Scheinwerfer
leuchten wie Flutlicht.

Es ist ein spannendes Spiel.

Ben erkämpft den Ball.

Ben schießt.

Da fliegt das ganze Tor weg.

Der Fußball-Lehrer jubelt.

Wer spielt in Bens Mannschaft?

Das Kribbeln im Fuß

Ben läuft zum Fußballplatz.
Max 7 wartet schon auf ihn.
„Wollen wir spielen?",
fragt der Profi-Kicker
aus dem Weltraum.

Max 7 flitzt wie ein Blitz
und schießt alle Bälle
gleichzeitig ins Tor.

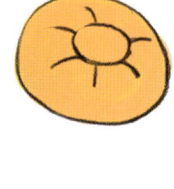

„So möchte ich auch
spielen können",
wünscht sich Ben.

Mit wie vielen Fußbällen spielt Max 7?

„Ganz einfach",
sagt Max 7
und berührt Ben.
Plötzlich spürt Ben
ein warmes Kribbeln
im Fuß.

„Das ist Energie",
erklärt Max 7.
„Dein Fuß macht jetzt
genau, was du denkst."
Ben staunt.
„Wirklich?"

 Was macht Max 7 mit Ben?

Ben schießt, doch der Ball
fliegt am Tor vorbei.

Max 7 schüttelt den Kopf.
„Das war der falsche Fuß.
Und du hast
danebengedacht!
Los, noch mal.
Aber denk diesmal richtig!"

Ben denkt an das Tor.
Sein Fuß kribbelt.
Dann plötzlich trifft er,
und das ganze Tor
fliegt weg!
„Hurra!",
jubeln Ben und Max 7.

Im Stadion

Max 7 möchte weiter
die Erde erkunden.
„Bei den Eisbären
war ich", sagt er.
„Wo fliege ich jetzt hin?"
Ben flüstert ihm etwas
ins Ohr.

„Au ja!", ruft Max 7.

„Willst du mitkommen?"

„Geht das?", fragt Ben.

Da rauscht es und blitzt!

Alles dreht sich!

Doch es dauert nur

einen winzigen Augenblick.

„Das ist das Olympia-Stadion
in Berlin!", sagt Ben.
„Wahnsinn!", staunt Max 7.
„Wer spielt hier?"
Ben weiß es sofort:
„Deutschland gegen Spanien!"

Max 7 staunt:
„Die spielen super,
mit Energie und Köpfchen!"
Für Ben geht ein Traum
in Erfüllung.

Ein wichtiges Spiel

Die Jungen stehen im Kreis.
„Heute ist ein wichtiges Spiel!",
sagt der Fußball-Lehrer,
Herr Löwe.

„Der Gegner ist sehr stark.
Also spielen nur die Besten
aus unserer Mannschaft!"

Das Spiel beginnt.
Ben ist traurig,
er muss zuschauen.
Die andere Mannschaft
spielt wirklich sehr gut.

Wer hilft der anderen Mannschaft?

„Tor, Tor, Tor!",
jubeln die Gegner
zum dritten Mal.
Herr Löwe
rauft sich die Haare.

Plötzlich spürt Ben
ein Kribbeln im Fuß.
Er denkt an seinen Freund,
Max 7, den Profi-Kicker
aus dem Weltraum.
Ben weiß, dass er jetzt
Tore schießen kann.

„Darf ich spielen?",
fragt Ben Herrn Löwe.
„Meinetwegen!",
stöhnt der Fußball-Lehrer.
„Wir verlieren sowieso!"

36

Ben läuft auf den Rasen.

Er erkämpft den Ball.

Er trickst die Gegner aus.

Er rennt zum Tor.

Sein Fuß kribbelt.

Er schießt.

„Toooor!!!"

Drei Tore
hat Ben geschossen,
der Gegner aber auch.
In der letzten Minute
tritt Ben gegen den Ball.
Der jagt ins Netz
und reißt das ganze Tor um.
„Gewonnen!"

Die Mannschaft trägt Ben
über den Platz.
Die Zuschauer jubeln.
Herr Löwe weint
vor Freude.
Und am Himmel leuchtet
ein Raumschiff.

Wer ist heute der Torschützen-König?

Fußball am anderen Ende der Welt

Seit Max 7
bei den Eisbären war,
spielen die auch
Fußball.

Welches Tier hat sich verirrt?

41

Lösungen

Seite 11
Ein Außerirdischer ist aus dem Baum gefallen.

Seite 13
Max Nummer 7 kommt vom Stern Maxus.

Seite 21
In Bens rot-gelber Mannschaft spielen Max Nummer 7 und ein anderer Außerirdischer.

Seite 23
Max Nummer 7 spielt mit acht Fußbällen.

Seite 25
Max 7 berührt Bens Arm. So überträgt er seine Energie.

Seite 33
Ein Maulwurf hilft der anderen Mannschaft.

Seite 39
Ben ist heute der Torschützen-König.

Seite 41
Der Maulwurf hat sich verirrt.

Allererstes Lesen

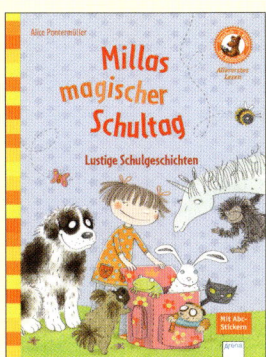

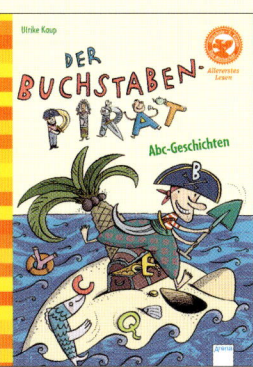

Millas magischer Schultag
Lustige Schulgeschichten
978-3-401-70602-3

Tilda Apfelkern und ein ganz besonderer Gast
Freundschaftsgeschichten
978-3-401-70556-9

Schwein gehabt!
Lustige Tiergeschichten
978-3-401-70422-7

Der Buchstabenpirat
Abc-Geschichten
978-3-401-70214-8

Jeder Band: Ab 5/6 Jahren • Allererstes Lesen • Durchgehend farbig illustriert
48 Seiten • Gebunden • Format 17,5 x 24,6 cm

Mit Bücherbärfigur am Lesebändchen und Leserätseln

Einfache Geschichten mit kurzen Zeilen

Große Fibelschrift und Zeilentrennung nach Sinneinheiten

Mit Bilder- und Leserätseln

Viele farbige Bilder

Innenseite aus »Zack und seine Freunde«
ISBN 978-3-401-70073-1

Die Reihe »Allererstes Lesen« ist auf die Fähigkeiten von Leseanfängern abgestimmt:
Übersichtliche Leseeinheiten und kurze Zeilen sind ideal zum Lesenlernen.
Die ausdrucksstarken Bilder unterstützen zudem das Textverständnis.

In Zusammenarbeit mit **westermann**

Linus und die Rache der Panther-Bande
978-3-401-70561-3

Ritter Moritz zur Mondhellen Burg
978-3-401-70555-2

Lina und Anne – Beste Freundinnen halten zusammen
978-3-401-70247-6

Nils und Ole – Ein Jahr voller Abenteuer
978-3-401-70193-6

Jeder Band: Ab 5/6 Jahren • *Wir lesen zusammen* • Durchgehend farbig illustriert
64 Seiten • Gebunden • Format 17,5 x 24,6 cm

Mit Bücherbärfigur am Lesebändchen, Leserätseln und großem Suchbild

Symbol zum Selbstlesen auf den Kinderseiten

Große Fibelschrift und kurze Zeilen

Viele farbige Bilder

Innenseite aus »Du bist mein bester Freund, kleiner Delfin«
978-3-401-70022-9

Im ersten Lesejahr macht zusammen Lesen und Vorlesen mehr Spaß.
Leserätsel erleichtern das Leseverständnis, das Suchbild regt dazu an, die Geschichte nachzuerzählen. Denn Kinder, die viel sprechen, lernen leichter lesen.

In Zusammenarbeit mit westermann

Lustige Dinogeschichten
978-3-401-70563-7

**Lustige
Gespenstergeschichten**
978-3-401-70167-7

Freundschaftsgeschichten
978-3-401-70485-2

Schulweggeschichten
978-3-401-70407-4

Jeder Band: Ab 6/7 Jahren • Kleine Geschichten • Durchgehend farbig illustriert
48 Seiten • Gebunden • Format 15,9 x 21,1 cm

Mit Fragen zum Leseverständnis und Bücherbär am Lesebändchen

Zeilentrennung nach Sinneinheiten

Sehr einfache Textgliederung für das erste Lesejahr

Hoher Illustrationsanteil

Große Fibelschrift

Innenseite aus „Zauberfeengeschichten"
ISBN 978-3-401-70087-8

Die kurzen Geschichten rund um ein beliebtes Thema sind besonders gut zum allerersten Selberlesen geeignet. Durch die klare Textgliederung und die vielen farbigen Illustrationen ist das Lesen leichter.

In Zusammenarbeit mit
westermann